AF216877

Impressum:

© 2014 Wolfgang Pütz

Umschlaggestaltung, Illustration: tredition GmbH, Hamburg

Verlag: tredition GmbH, Hamburg

ISBN Paperback: 978-3-8495-9814-3
ISBN Hardcover: 978-3-8495-9815-0
ISBN e-Book: 978-3-8495-9816-7

Bibliografische Information der Deutschen Nationalbibliothek:
Die Deutsche Nationalbibliothek verzeichnet diese Publikation in der Deutschen Nationalbibliografie; detaillierte bibliografische Daten sind im Internet über http://dnb.d-nb.de abrufbar

Blickwinkel

Von

Wolfgang Pütz

Fehlende Alternative

Unsere Welt ist schlecht
in ihrer Grausamkeit
Gemeinheit
Hartherzigkeit
Ungerechtigkeit

Doch
es ist die Beste
die wir haben

Verkannte Aktivität

Selten nur
brechen Ereignisse
über uns herein;

meist
lassen wir sie
fallen.

Unsere Schatten

Wir alle
haben unsere Schatten
sollten sie kennen
lernen
mit ihnen zu leben

Doch
mit dem Wissen um sie
sollten wir uns nicht
in ihrer Betrachtung
verlieren
sondern das Gesicht
dem Licht
zuwenden
und die Schatten
fallen hinter uns

Wege

Er
sieht die Vögel in den Bäumen
hört ihren Gesang
erfreut sich
an den Farben des Gefieders

Sie
sieht die Schatten
das bedrohliche Dickicht
hört dunkle bedrohliche Geräusche

Der Dritte
spürt den Druck der Steine
unter seinem Schuh
blickt zurück
und beklagt
den weiten Weg vor sich

Die vierte
erfreut sich der Bewegung
spürt die wärmende Sonne
zwischen den Ästen
auf der Haut

freudig
ängstlich
mühselig
beschwingt

Alle vier
gehen nebeneinander
den gleichen Weg.

Blick nach vorn

Grüble nicht
über die
verpassten Chancen
der vergangenen Jahre
der letzten Woche
des vergangenen Augenblicks

Sie sind
Ergebnis Deines Seins
und somit
unausweichlich
sie sind Du

Doch ändern
kannst Du
den nächsten Augenblick
die Zukunft
Dich

Aus einer Radionachricht: „… haben sich die Parteien auf einen Waffenstillstand geeinigt. Er tritt morgen um 24 Uhr in Kraft…"

Wahnsinn

Dröhnend
bohrt sich
das Projektil
in die Hauswand
detoniert
reißt ein Loch
lässt den Dachstuhl
einstürzen
begräbt
ihn
unter sich

Er
weiß nicht
dass das Ende der Bomben
schon beschlossen
für morgen
oder übermorgen...

Er
wird es nie erfahren
Er
ist tot.

Die Wahrheit des Augenblicks

Deine Wahrheit von heute
ist nicht mehr
Deine Wahrheit von gestern
Ich wünsche Dir
dass sie nicht
Unwahrheit
Deiner Wahrheit von morgen wird

Doch lass mir
meine eigene Wahrheit
Sie ist ähnlich
meiner gestrigen
und wird auch Teil
meiner morgigen sein

Gefühle an der Wand

Farben
brechen das Weiß
der Wand
Bilder
die Monotonie
des Alltags
Gefühle
die Ratio
unserer Welt

Liebenswertes

Du fragst
was an Dir
liebenswert
sei.

Vieles:
Deine Offenheit
nachdem Du
Vertrauen
gefasst.
Deine Verletzlichkeit
da Du so
offen
bist.
Dein Vertrauen
obwohl Du
verletzlich
bist.
Und Du.

Versprechen

Ich kann Dir nicht
die Sterne
vom Himmel holen.

Aber ich baue
an einem Gefährt
das uns
hinbringt.

Überbrückung

Man bette
die Sehnsucht
auf wohliger Erinnerung
und
decke sie zu
mit freudiger Erwartung.

Das lindert
die schlimmste Kälte.

Schattenboxen

Je länger
es dauert
desto klarer wird eines :

Man kann es nicht
gewinnen.

Man kann es nur
beenden.

Vorsicht

Niemand weiß
was die Zukunft
bringen wird.

Doch die Angst
vor einer Möglichkeit
erhebt sie
in den Bereich
des zu Erwartenden.

Ursache und Wirkung

Aus Furcht
überfahren zu werden
war sie
wie gelähmt.

Und wurde deshalb
überfahren.

Zukunft

Niemand
will wohl ernsthaft
seine Zukunft
kennen;
man würde an der
Unausweichlichkeit des Schicksals
zerbrechen.

Wie aufregend
ist dagegen
das Wissen
um Möglichkeiten.

Glück

Glück
kann vielfältig sein.

Wohlige Erinnerung;
die Schönheit
des Augenblicks;
die Hoffnung
auf Zukunft.

Unverständnis

Wehre Dich
doch einfach
gegen Deine
inneren Zwänge
sagte er
und griff
nach dem Essen
um seinen Hunger zu stillen

Verdrängung

Kraftvoll
schiebt die Raupe zur Seite
was nicht in den Weg gehört
Der Weg
muß frei bleiben
übersichtlich
absehbar
Daneben jedoch
türmen sich
die Trümmer
Alles Unbequeme
Beängstigende
Gefährliche
Traurigmachende
säumt den Weg
bröckelt
wankt
droht
Dich darunter zu begraben
Der Raupe
- altersschwach
und rostig -

wird es nicht gelingen
Dich auszugraben
Deine Vergangenheit
wird Dich
ersticken

Ohne Verdrängung

Du übersteigst
die Hindernisse
Deine Kraft wächst
an ihnen
Nichts wird Dir
zu hoch
Der Blick
links und rechts
frei
der Weg hinter Dir
markiert
mit Deinem Tun
Deinen Siegen

Another Boaring Story

Es waren einmal
zwei Menschen
die konnten
sich lieben
sich erleben
aber nicht
sich leben

Deshalb
trennten sie sich
und wenn sie nicht
gestorben sind
leiden sie
heute noch

Nicht schon wieder
diese verdammte Geschichte !

Paradox

Du schiebst mich
aus dem Haus
schließt die Tür
drehst den Schlüssel
löschst das Licht.

Nun
schockiert es Dich
dass ich Dir
nachrufe:
Leb wohl !

Ohne Worte

Er mochte es nicht
Doch er tat es
ihr zum Gefallen
da er annahm
es gefiele ihr

Anfangs
amüsierte es sie
Später
hasste sie es
doch sie sagte nichts
weil sie ihm
die Freude daran
nicht nehmen wollte

So wurde es
einer der vielen
Steine
der Wand zwischen ihnen

Höhenflug

Du zogst mich hinauf
höher und höher
und ließest mich dann
schweben
und der freie Flug
gefiel mir gut.

Zu spät
merkte ich
dass Du schon
ein Stück voraus
gelandet warst
und mich erwartetest
mit der Flinte im Anschlag.

Der Weihnachtsbaum

Er war ein Symbol
für mich
auf Hoffnung
auf Zukunft
auf Möglichkeiten

Seine Zeit
ist vorbei
Jede Kugel
die ich wegnehme
ist Demontage
jeder Kerzenhalter
Symbol
für ein erloschenes Licht
der Hoffnung

Ich schiebe
den Baum hinaus.

Doch
im Abwenden

sehe ich
etwas Schwarzglänzendes
auf meinem Schuh

Eine nicht abgebrannte
Wunderkerze.

Subtile Einsamkeit

Wir sitzen uns
gegenüber
doch ich sehe Dich nicht
Du redest
doch ich höre Dich nicht
Ich nehme Deine Hand
doch ich fühle Dich nicht

Nicht das Du
das ein Wir fühlt

Und wenn doch ...

Warten
aufs Telefon
in dem Zweifel
dass es läutet

Und wenn es läutet
die Angst
Du könntest es
nicht sein

Und wenn Du es doch bist
die Gewissheit
es geschieht nicht mehr
aus Liebe

Weiche Währung

Das Faustpfand Deiner Absicht
Ein Vielleicht
Träume weckend
Wünsche

Zeit verrinnt
Lässt das Vielleicht
Durch meine Finger rinnen
Es tropft hinab
wird zur Gewissheit
eines schmerzhaften
Neins
das keine Leere
füllen kann

Die Schwierigkeit der Veränderung

Ich sah
die Vergangenheit vor mir
sah
dass ich
nicht meine Wege
gegangen war
und wollte es
ändern.

Doch
die alten Wege
sind ausgetreten
der Schritt
findet
die alten, staubigen Rinnen.

Zeit
konsequent abzubiegen.

Und wieder

Meine Liebe
brachte Wünsche
Glaube
Hoffnung

Doch alles
verändert sich

Was mir bleibt
ist die Trauer
um Veränderung
der Glaube
an Veränderung
die Hoffnung
auf Veränderung

Doch
Veränderung geht nur
voran
nie
zurück

Blickwinkel

Ich seh
eine vier
sagt er

Du musst Dich
irren
kommt von ihr
es ist die drei

Das kann nicht sein
sagt der dritte
ich seh klar die fünf

Nein, nein
sagt die vierte
das ist alles nicht wahr
es ist die zwei

Und dabei
betrachten alle
den gleichen Würfel
- ein jeder
von seiner Seite

Spiegel(n)

Ich wollte erfahren
wer ich bin

Ich fragte eine Freundin
Sie riet mir
ihr ins Auge zu sehen
wie ich mich darin
spiegelte

So siehst Du mich
fragte ich skeptisch
So gefärbt
von Deiner Augen Farbe?

Ein Freund
lachte über sie
drehte mich
zum Glas eines Fensters
und sagte
DAS bist Du

Doch, ach,
das sollte ich sein
Durchscheinend
farblos
unwirklich?

Ein anderer Freund
lachte
über die beiden anderen
schob mich
zum Rückspiegel seines Autos
und sagte
DAS bist Du

Doch, ach,
wie zerrte mich der Spiegel
seine Wölbung
ließ mich
klein und winzig
erscheinen

Nachdenklich
suchte ich Ruhe
und kam
zu einem stillen See
Ich beugte mich
zum Wasser
um mich zu kühlen
Da sah ich
mich
deutlich
klar
und es war an mir
das Bild
zu verändern
durch meine Berührung
des Wassers

abgedreht

Ich suhlte mich
im Strahl
Deiner Zuneigung
und
es tat mir gut.

Nun
tropft es
nur noch
benetzt mich
und ich friere.

Hamsterrad

so sehr Du Dich auch mühst
zu entkommen
den Schritt beschleunigst
zu rennen versuchst
dass es Dich stolpern lässt
im Überschlagen endet

Du bleibst doch
immer
an derselben Stelle.

Steig einfach
aus.

Gratwanderung

Geh weg
doch nicht zu weit
Halt mich
aber nicht zu fest
Rede
doch nicht da
wo Du schweigen sollst
Sei still
doch sag mir
was du fühlst
Stütz mich
doch gehen
will ich allein
Lass mich los
doch gib mir
das Gefühl
nicht allein zu sein.

Wo bist Du?
Abgestürzt...

Gelassen

Die Menschen im Leben
lassen
ins Leben lassen
kommen und gehen lassen
ihnen Raum lassen
ohne sich einengen zu lassen
Stimmungen zulassen
sie erleben
und wieder gehen lassen

Die Dinge
geschehen lassen
ohne zuzulassen
Dinge mit sich geschehen zu lassen

Gelassenheit

Der Atem des Meeres

Die Wassermassen türmen sich
ein Hügel wächst
wo zuvor noch
eine Ebene
war.
Er schiebt sich vor
ein Tal
vor sich herschiebend
eines nachziehend
langsam
unaufhaltsam
dem Ufer zu.
Doch von dort
strömt Wasser zurück
stellt sich dem Heranrollenden entgegen
immer stärker
wird der Kampf
der aufeinanderprallenden Gewalten.

Der Kamm
schäumt von weißer Gischt.
Die Macht der Woge
verliert sich in dem Kampf
ein letztes Aufbäumen
läßt sie das Ufer erreichen
schäumend
ergießt sie sich
über den feuchten Sand.

Doch ihr Wasser
strömt zurück
stellt sich nun
der folgenden Woge entgegen
kämpft den gleichen Kampf
den nun diese gewinnt
um dann
wie alle anderen
zuvor und nach ihr
an der Steigung des Ufers
zu sterben.

Glaubens-Nomenklatur

**Der Glaube
an Bestimmung
ist das Leugnen
der Verantwortung
an Geschehenem**

Freiheit der Unfreiheit

Niemand
ist wirklich frei
wir laufen in den Pfaden
die unser Leben
unsere Erinnerungen
unsere Erkenntnisse
gruben
in das Feld der Möglichkeiten

Freiheit ist
die Möglichkeit
diese Pfade
um der Veränderung willen
verlassen zu können
Abkürzungen
Umwege
manchmal sogar
neue Wege.

Das blinde Auge

Zwei Augen zum Sehen
für dieses und jenes
für Gut und Schlecht
zu sehen
was ist

Doch allzu oft
ist eines blind
das andere
sieht nur eine Seite
das Pendel
schaukelt nicht zurück

Erst spät
mit Macht bewegt es sich
drängt heftig zu der andren Seite
der Schwung treibt es viel weiter
als Stetigkeit es tut.

Das blinde Auge sehend nun
erschreckt durch neue Sicht
geblendet fast es schmerzhaft brennt
das Sehen tut ihm weh

Doch statt mit beiden nun zu schauen
der Wechsel uns nur fasziniert
mechanisch wir bedecken
das vorher sehende wir machen blind

Erneut das Pendel nun fixiert
am andren Ende seines Wegs
höher als es ihm angeziemt
der Schwung zuvor
bestimmt die Altitude.

So wird die Blindheit neu bestimmt
durch jene neue Sicht
was vorher da das zählt nun nicht
hat keinerlei Gewicht

Und oft wir geben
dem Gesehenen die Schuld
für die Einseitigkeit der Sicht
dabei der Blindheit wahrer Grund
die eigne Hand
zuvor und auch danach
sie trübte nur den Blick

Mein Wert

Ich suchte
meinen Wert
in der Wertschätzung
der Anderen.

Das ließ mich rennen
um ständig
schnell genug zu sein.
Wenn die Anderen kamen
musste ich sie
schon erwarten.

Ich will
nicht mehr rennen ;
wenn ihr
unterwegs seid
könnt Ihr mich fragen
ob ich Euch
begleite.

Ausgestiegen

Das Rad, es dreht sich schnell und schneller,
Wird mehr und mehr wie ein Propeller,
ich dreh es selbst, denn ich bin drin
im Hamsterrad nach Lebenssinn.

Es fliegt dahin schnell unter mir
der Sprossen Tritt, ich werd zum wir
das Rad und ich, wir sind wie eins
verflochten in der Welt des Seins
beschränkt auf diese kleine Welt
zu schnell zu denken, ob's gefällt

Das Leben lebt im Takt der Schritte
und ich, ich bin doch stets die Mitte
die Mitte dieser kleinen Welt
das Rad, das Ich - der Rest entfällt.

Der Zweifel macht sich langsam breit
wird es nicht langsam für mich Zeit,
dem Leben einen Sinn zu geben
nen anderen als schnell zu leben?

Dreh ich es wirklich, bin ich ich?
Vielleicht - in Wahrheit - dreht es mich?
Bin Sklave der Geschwindigkeit
geht nie um mich, geht nur um Zeit
Sie lässt mich immer schneller rennen
nur noch das Rad ist zu erkennen.

Nun lieg ich hier, bin ausgestiegen
Das Rad, es ließ sich nicht besiegen
wie Schattenboxen, kein Entrinnen
man kann es nie und nie gewinnen
Beenden nur, das ist der Trick
es dauert lang, bis es macht "Klick"

Das Rad, es läuft nun langsam aus
es fehlt nun einmal jetzt die Maus
die seiner Füße Lebenszeit
geopfert der Geschwindigkeit...

Gänseblümchenwiese

Er ist
ein Englischer Rasen
saftiges, gleichförmiges Grün
exakte Höhe
scharf gestochene Kanten

Sie ist
ein Blumenbeet
sauber aufgereiht
die Tulpen,
die Margeriten
kreisrund
anderes Kraut
ist Un
und beseitigt

Ich bin
eine Gänseblümchenwiese
das Grün
ungleichmäßig durchzogen
von den
weißgeränderten gelben Flecken
dazwischen
Löwenzahn
bereit
die weißen Schirmchen
auf die Reise
zu schicken
und in der Ecke
eine Distel
ihre Blüte
in tiefem Lila
ein schöner Anblick
es muss sie ja
niemand
anfassen

Nachtspaziergang am Meer

Leicht nur
bläst der Wind
durch mein Haar
Das sonst
allgegenwärtige Stürmen
scheint in dieser Nacht
Atem zu holen

Auch
das Rauschen des Meeres
hat sich
zurückgezogen
auf den niedrigsten Punkt
der Ebbe
und doch
ist es nicht wegzudenken
nur leiser
als wolle es
Raum lassen
für das sonstige
Hören
Fühlen
Erleben

Darüber
die gewaltige Stille
keine Wolke
verdeckt den Blick
gleißende Sterne
im sonst tiefschwarzen Firmament
erhaben
ewig

Gelassenheit
hüllt mich ein
Langsam
schwillt das Gefühl
ich
bin Teil dieses Bildes

ich bin ich

Zu

Zu oft verletzt
Zu viele Wunden geschlagen
Zu sehr gelitten
Zu vorsichtig
Änderung zu spüren.

Zu sehr erwartet
Dass eine Wunde wieder aufreißt
Zuwenig gefühlt
Die Pflege der anderen.

Zu laut beschwert
Über das eine Mal
Zuwenig gedacht
Wie wohl der Rest tat.

Zuhause die Wunde geleckt
Zu spät die Salbe bemerkt
Auf den übrigen Malen
Zu spät
Zu.

Beziehungs - Jojo

Wegschieben
wieder heranziehen
so geht der Jojo
wegschieben
wieder heranziehen
doch nicht mehr so nah
wegschieben
wieder heranziehen
weil der Antrieb fehlt
wegschieben
wieder heranziehen
der Schwung lässt nach
wegschieben

Nicht mehr heranziehen

Der Jojo
hat den Totpunkt erreicht

Tragik der Trigonometrie

So dominant und übermächtig
zwei Seiten eines Dreiecks
auch sein mögen;
die Dritte
- ganz gleich, wie
unscheinbar und klein -
verhindert,
dass die beiden
den gleichen Weg gehen.

Irrwege, Abwege, Umwege – DER Weg

Hier stehe ich
blicke zurück
die Wege
die ich gegangen

Es gab
Irrwege, Abwege, Umwege

Der Irrweg
ließ mich Menschen treffen
die ich nicht missen will
in meiner Erinnerung
ihren Platz haben
in meinem Herzen

Der Abweg
zeigte mit Landschaften
die mich prägten
mir Lebensarten zeigten
nicht meine
doch die von anderen

Der Umweg
kostete Zeit
ließ mir Zeit
ich verpasste das eine
erlebte das andere

Alle Wege
mein Weg
einen zu missen
hieße
ich wäre nicht der
der ich heute bin

Einen missen zu wollen
hieße
mich anders zu wollen
als ich bin.

Zwei Mäuse

Es waren einmal zwei Mäuse - eine ängstliche und eine mutige. Die Ängstliche blieb fast immer in ihrem Mauseloch; zwang sie der Hunger nach draußen, ging sie gerade so weit, bis sie etwas zu fressen fand - und flugs war sie wieder in ihrer Behausung.

Die Mutige dagegen erkundete die Gegend, zog weite Kreise um ihr Heim, flitzte über Hügel und Täler, kannte jeden Stein und jeden Baum in ihrer Gegend.

"Du bist leichtsinnig", sagte die Ängstliche zu der Mutigen. "Wenn Du Dich so viel in dieser grausamen Welt herumtreibst, wird Dich irgendwann der Habicht oder die Katze erwischen", schimpfte sie.

Fast wäre die Mutige über diese Befürchtungen ins Grübeln gekommen, denn sie erinnerte sich daran, wie oft sie schon dem Habicht und der Katze um Haaresbreite entkommen war - und wer wusste schon, ob das immer so bleiben würde. Aber letztlich siegte die Neugier der Mutigen, und sie lebte weiter wie bisher.

Eines Tages brach ein Damm am Fluss. Das Wasser stieg und stieg, und die ganze Gegend drohte zu überschwemmen. Die mutige Maus zögerte nicht lange. Sie rannte zum höchsten Hügel der Gegend und konnte von dort oben sehen, wie das Wasser einen großen Teil der Gegend unter sich begrub. Sie selbst aber war in Sicherheit.

Die Ängstliche dagegen wusste nicht, wo sie hin sollte. Sie klammerte sich an die Hoffnung, dass es schon nicht so schlimm werden würde; dass das Wasser nicht so weit steigen würde, um sie zu bedrohen. So verharrte sie in ihrer Behausung - und die Hoffnung, ihr werde schon nichts geschehen, erstarb erst mit ihrem Leben, als sie ertrank...

Zeitfracht Medien GmbH
Ferdinand-Jühlke-Straße 7
99095 Erfurt, Deutschland
produktsicherheit@kolibri360.de